JINSEI GA TOKIMEKU

SHIWATORI

PERFECT BOOK

人生がときめく

シワとり
パーフェクトブック

エステサロン「SUHADA」

永松麻美
ASAMI NAGAMATSU

産業編集センター

はじめに

　たくさんある美容本の中から本書を手にとっていただき、ありがとうございます。はじめに自己紹介をさせてください。私は東京都府中市生まれの35歳で、現在、フェイシャル専門エステサロン、スクールを運営しながら、女性誌のウェブサイトで連載コラムを書いたり、美容系ウェブサイトに寄稿したり、美容講座の講師などをしています。

　今でこそプロとして美容を仕事にしていますが、ちょっと前まではニキビ、アトピー、肥満など、自分の見た目にコンプレックスがあり、超がつくほどネガティブ思考。年齢＝彼氏いない歴が22歳まで続き、うまくいかないことに対しては全て「こんな（価値のないダメな）私なのだから仕方がない」と考えていました。

　子供の頃はアトピー性皮膚炎で、夜中に痒みで目を覚ましたり、寝てる間に引っ掻いて朝起きると布団が血だらけだったり。見かねた両親が、夜中に皮膚をかかないように手を包帯で縛ったり、浄水器、サプリメント、シソの葉湿布など、良いと聞けばあれもこれもと試してくれましたが、子供ながらに「どうして私の皮膚はこうなんだろう」と不思議に思ったのを覚えています。

「なぜ私だけ？」自分の肌質を呪った学生時代

　中学に上がる頃には、顔にポツポツとニキビができ始め、徐々に連なってボコボコと、痛くて痒いニキビと赤みが顔中を占領するようになりました。顔だけではなく頭皮や首、胸元や背中、お尻や太ももと、ニキビの侵略は止まりません。水で顔を洗うだけで痛い、髪が触れるだけで痒いといった不快感と、鏡を見るたびに襲う嫌悪感で、

ファンデ厚塗り。メイクに2時間の頃も。

「なぜ私だけ」と怒りさえ湧いてきました。怒りは徐々に諦めに変わり「私なんてメイクしたって、可愛い髪型したって、どうせ顔面ニキビだから」と、自分の気持ちに蓋をするように。やがて、肌の綺麗な友人の顔をみるたびに、まるでその子に嫌がらせをされているような被害妄想を抱くようにさえなってしまいました。学校で同級生がヒソヒソ声で話していれば「気持ち悪い、汚いって思われてるのかも」と思い込み、人と付き合うこと、外に出ることさえも辛い日々。この頃の私は一部の友人を除いては、人に話しかけられるのが怖く、「しゃべりたくありません」というオーラ全開で無言のアピール。逃げるように本や漫画の世界にのめり込んでいきました。今思えば周りの誰かではなく、他の誰でもない自分自身が「私は汚い」「私は気持ち悪い」と自分に言い聞かせてしまっていたのだと思います。

自分で自分にかけた呪いから最初に救いの手を伸ばしてくれたのは今は亡き祖母でした。ニキビで真っ赤、しかも思春期に激太りして今よりも15キロ以上太っていた私。短髪で男の子のような服ばかり着ていた私に祖母は言ったのです。「麻美ちゃんは世界一美人だ」と。単純な

見た目にとらわれずに済む部活は救いでした。

3

私はその一言にどれだけ救われたか分かりません。「ああ、生きていていいんだ、少なくとも世界に一人は私を美しいと思ってくれる人がいるんだ」と、自分を受け入れる気持ちになってからは、自分を汚いとまで思うことはなくなりました。さらに19歳の頃、一念発起して8キロのダイエットをし、おしゃれやメイクをし始めてからは、少しずつ自分を肯定できるようになりました。それでも、化粧品を取っ替え引っ替えしても、美容雑誌の通りにニキビケアをしても、皮膚科に行っても、1回10万円のレーザー治療を何回受けても、薬を飲んでも……どうやってもニキビだけは消えませんでした。

エステ業界に身を投じ、
試行錯誤の末に見つけた方法で肌トラブルを克服。

　そして25歳。「自分のニキビを治したい！こんなにも私の心をかき乱す『肌』とは一体なんなのか知りたい」と、仕事を辞めてエステ業界に転身。いくつかのエステサロンで正社員として働き、エステ専門学校で基礎から猛勉強しつつ幾つかのエステ資格を取得し、28歳で自分のサロンを開業しました。開業してからは、綺麗になるごとに笑顔や自分らしさを取り戻していくお客様、自信を持つことで別人のように輝いたり、転職、恋愛など次々に自己実現していくお客様の変化を見ながら、「女性にとって、肌や顔とは、時に人生までも変えてしまうほどの影響力を持っている」ことを実感しました。

大福に似ていると言われた頃。

顔は毎日少しずつ変化しています。今日感じたこと、作った表情、食べたもの、過ごし方、肌への触れ方など、様々な要因をちゃんと反映していきます。あなたは日々、どんな顔をして過ごしていますか？　そして50歳のとき、どんな顔をしていたいですか？　顔の筋肉と感情は繋がっています。不平不満ばかり言えば口角は下がり、嫌な感情ばかりにとらわれれば眉間にシワが寄る。日々笑顔でいれば目尻に笑い皺ができるかもしれません。シワや年齢による変化はない方がいい、と考える人も多く、この本はもちろん「シワを作らせない対策本」でもあります。だけど、私自身はまっさらでシワひとつない能面みたいな顔よりも、年齢を重ねて変化した肌や顔にしか宿らない色気や魅力もあると思っています。もちろん老けてみえる、不幸せそう、意地悪そうに見えるシワは顔に刻みたくはありませんが、ちゃんとケアしたらあとは自分の肌を慈しんで、自然な時の流れを受け入れる。「人生を自分らしく楽しんできたし、楽しんでるよ」そんな空気と魅力的な笑いジワをたずさえた、余裕のある50歳、60歳、70歳の顔を目指したい。そう考えています。

　この本では、ネガティヴな印象を与えてしまう5つのシワにフォーカスし、シワをとるためのマッサージや手入れの方法、日々の過ごし方などの提案をしていきます。私が1万人以上の女性のお顔に触れてきた中で「ここは大事！」と感じたことを中心にお伝えしますが、もちろん様々な美容本や美容法がある中で絶対の正解はありませんし、どんどん進化もしています。取捨選択は皆さん次第ですが、少しでもお役に立てたら嬉しいです。かつての私にとっての祖母のように、誰かの気持ちに寄り添ったり、背中を押すことができるよう、心を込めて書かせていただきますので、ぜひ最後までお付き合いください。

CONTENTS

第1章　5大シワを消すのに必要な3つのこと　14

第2章　なぜケアしてもシワ肌が改善されないのか？　28

第3章　肌表面からのケアをする　36

第4章　筋肉を味方につける　48

第5章　シワをつくらない生活習慣　82

・本書内でご紹介するマッサージで生じた問題に対する責任は負いかねます。自己責任のもと、行うようにしてください。
・気分が悪くなったら無理せず中断してください。

大人の女性の顔印象を
左右する５つのシワ

　私は昔から小学生なのに大人料金を求められるなど、実年齢より上に見られるのがコンプレックスでした。一番ショックだったのは30歳になりたての独身の頃、10歳年上の女性に「私あなたと同年代よね。お子様何人いるの？」と聞かれたこと。そこから「何が老けて見せていたのか」を必死に考え、印象を左右するのは、姿勢や顔の表情筋の動き方、たるみ、そしてシワの入り方だと気がつきました。仕事柄いろんな女性の肌や顔の悩みを聞く機会がありますが、ニキビ、敏感、赤み、毛穴、シミ、シワ、たるみ……悩みは肌質により千差万別。一人として同じ肌の人はいません。若い頃はどんなスキンケアの仕方でも綺麗でいられる人もいますし、20代のうちはスキンケアよりもメイクでなりたい顔を目指していく人も多いように思います。しかし30代後半からは、今まで大きな肌トラブルがなかった人も肌が綺麗と言われていた人も、「老化」が少しずつ顔の表面に現れるようになり、多くの人がそこで初めて自分の肌と真剣に向き合い、化粧品やスキンケアを見直すことになるのです。

　「急に肌質が変わった」「今までと肌や顔の様子が違う！」と慌ててエステサロンに駆け込んでいらっしゃるのは30代なかば〜40歳前後の方々。「老化」といっても様々ですが、大人世代の見た目の印象を大きく左右するのは、実はニキビあとでも、毛穴でも、シミでもなく、「5つのシワ」の存在感。これが目立つかどうかが、「お姉さん」「おばさん」の分かれ目になるのです。

5大シワと何か？

この本でいう5大シワとは、「おでこの横ジワ」「眉間のシワ」「ほうれい線」「マリオネット線」「アゴのシワ（二重アゴ）」を言います。

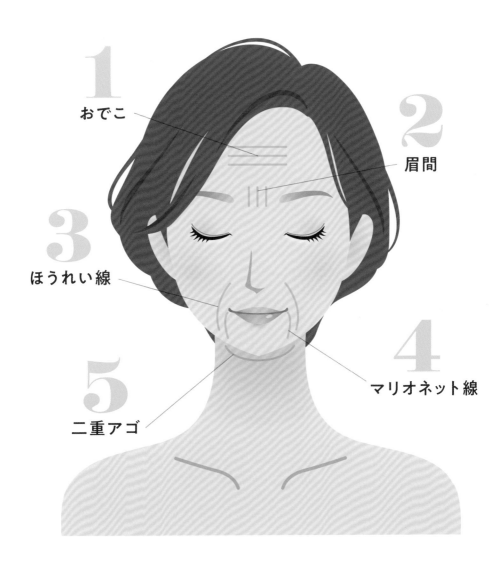

1 おでこ

2 眉間

3 ほうれい線

4 マリオネット線

5 二重アゴ

老けて見える人の特徴って何でしょうか。大きな原因のひとつが「シワ」ですが、実はシワは自分では気づきにくいもの。例えば、電車に乗っている時にふと視界に入ってきた窓に映る自分の顔がすごく老けて見えた、という経験はないでしょうか？自分の顔を見るのは、スキンケアやメイクの時。でもこの時って無意識に「鏡に映っている」と意識し顔を作りますし、大体の場合は真正面から見ています。そして無表情ですよね。シワが目立つのは無表情時ではなく表情を作る時。シワができる「様々な表情」「ふとした表情」を、他人は見ています。横から、斜めから、上から、下から、いろんな角度で。私自身写真を見て「これがマリオネット線か、いつの間にか結構深く入ってるけど、気づかなかった」と驚いたりしましたが、周りの人はとっくに気づいていたのです。

　この本でいう老けて見える5大シワとは、おでこの横ジワ、眉間のシワ、ほうれい線、マリオネット線、アゴのシワ（二重アゴ）のこと。顔にはたくさんシワの種類がありますが、特にこの5つが目立つと老けて見えます。目尻にできる笑いジワははっきり刻まれていてもポジティブな印象を与えますが、この5つのシワはどちらかというと老いの印象を与えるシワ。特に「縦の線」である眉間、ほうれい線、マリオネット線は、感情的にもネガティブ・怒り・不機嫌な印象を多く与えてしまいがちなので、予防から対策までしっかりとお伝えしていきます。

表情を作るのは筋肉。
表情と感情はリンクしている

　感情と筋肉は実は深いつながりがあります。例えば漫画に登場する意地悪なキャラクターは、大抵の場合は口がへの字に曲がっていたり、眉間にシワを入れていたりします。映画やドラマの悪役は、役者さんが口角をわざと片方だけ上げていたり顔をアシンメトリーに見せたりしていませんか？眉間のシワのできる場所の筋肉（皺眉筋）は、痛い時、疲れた時、見えない時、不快な時に動き、形状記憶されて行きます。またマリオネット線のできる場所の筋肉（口角下制筋）は悪口を言う時、不快な時に動きます。つまり不平不満を口にしたり、不快な気分で過ごすことが多い人はマリオネット線が深くなるのです。

　おでこの横ジワ（前頭筋）は、驚き、興味、好奇心などで動きやすい場所。接客業の人、リアクションが大きい人、表情豊かな人は、おでこの筋肉がよく動きます。また、まぶたの筋肉が衰えると目を開けるのにおでこの筋肉を使うようになりますし、眼精疲労も横ジワの原因と言われています。悪いシワではないですが、目立ってくると老けて見え、おでこを出す髪型からも縁遠くなってしまいます。

　感情と姿勢が大きく影響しているのが二重アゴ。広頚筋、胸鎖乳突筋、舌筋などの筋肉が深く関係しています。若くて太っている人の二重アゴは痩せれば無くなりますが、年齢を重ねると痩せている人でも二重アゴになってしまいます。これは姿勢の悪さや口呼吸、加齢から筋肉が弱ってしまい、あごをシュッと形づくることができなくなっているからです。

猫背がいかにマイナスか

　私は昔、気になる男の子に「俺より背がでかい」と言われたのを気にして、いつも背中を丸めていました。でも実は猫背って後ろから見ると背中が大きく見えるし、首は短く、顔は大きく見えてしまいます。そして精神面への影響も。「見た目も綺麗で、考え方も前向きで自信を持っている、猫背の人」を頭に思い浮かべてください。違和感を感じませんか？「前向きで自信を持っている綺麗な人」って背筋がすっと伸びて堂々としているイメージですよね。人の心と表情、そして姿勢は連動しています。人は気持ちが上向きなら視線も上を向き、身体が上向きなら心も上を向くようにできているのです。

　ただ現代人の生活は、パソコンやスマホなど、動作的に下を向いたり猫背になりやすい環境が整ってしまっています。猫背になると内臓が圧迫され、呼吸が浅くなったり自律神経が乱れやすくなります。横隔膜をうまく使った呼吸ができないので代謝も落ちて太りやすく、くすみ、くま、むくみが起きやすい。また奥歯の噛み締め、食いしばりが起こりやすくなるので、エラやハチが張ってきて顔が大きく見えるなど、美容面や健康面に大きなマイナスが生じます。姿勢を作る筋肉もうまく使えないので、二重アゴだけではなく首のシワの原因にも。私たちが無意識にしている身体の姿勢は、人生への姿勢です。怠惰な姿勢は怠惰な人生を。美しい姿勢はきっと美しい人生を作ってくれる。元々猫背の私は、そのことを念頭におき、今日も猫背を矯正中です。

⭕ 良い立ち姿

正面から見て「肩・胸・腰」が左右対象で、膝がまっすぐ前を向いている状態。猫背の人は胸を張るより肩甲骨を寄せるイメージを。

✖ NGな立ち姿

骨盤が前後に傾いたり、重心が不均一になり「肩・胸・腰」が左右で高さが違う状態。首が短く顔が大きくだらしなく見える。

良い座り姿

骨盤を真っ直ぐ立てて座り、その延長線上に頭が乗っている状態。どこにも余計な力が入っていない状態が理想。

NGな座り姿

骨盤が後ろに傾き、背が丸まり首と頭が前に突き出ている状態。頭を支えるのに首肩に負担が。シワやたるみも助長します。

第1章

5大シワを消すのに
必要な3つのこと

5大シワを目立たなくするために不可欠な3
つの要素は、「肌表面のケア」「筋肉のケア」
「老けない習慣づくり」。これらは3、4、5
章で掘り下げていきますが、この章では、そ
れぞれの概要を簡単にご説明します。

　シワは大きく分けて3種類。乾燥してできる表面的な乾燥ジワ、表情によりできたシワが形状記憶されてできる表情ジワ、そして筋肉の下垂でできる大ジワ（いわゆるたるみ）があります。乾燥ジワは、年齢問わず肌表面の乾燥が要因です。20代で小ジワがある人は、乾燥させる癖があったり、肌を摩擦させるなど間違ったケアをしている人が多いです。以前小ジワが目立つ24歳のお客様が「毎日クレンジングシートを使用し、化粧水も拭き取りタイプ」とおっしゃったので、摩擦やアルコール入りの化粧品が原因かもと考察し、洗い流すタイプのクレンジングをしアルコールフリーの保湿化粧水を手でつけるように提案したところ、1ヶ月後には小ジワがほとんど消えていました。ですが深い表情ジワは一度できてしまうと、保湿や摩擦を避けるなどのケアだけでは消えてくれません。皮膚の表面だけでなく、肌の奥の層（真皮層）や表情筋の問題になるからです。顔には30種類以上の筋肉があるのですが、身体の筋肉と違い顔の表情筋は骨から皮膚に繋がっているのでシワが起こりやすい。そのため肌の奥にある真皮層という部分や、筋肉にアプローチする必要があるのです。肌の乾燥などから表面的（表皮）な乾燥ジワが始まり、その後肌の奥（真皮層）の老化でハリ弾力が衰え表情ジワが刻まれ、年齢や習慣によって顔の筋力が低下してたるみが生じる、というのがシワの進行の流れです。この章では肌の表面的なケア、筋肉のケア、習慣といった基本の部分を解説していきます。

肌表面のケア

　まずは肌表面の外からのスキンケアいついて。肌表面の老化を進めないための第一ステップは、保湿です。保湿をすることは、乾燥ジワ、表情ジワの予防にも繋がります。乾燥は老化の入り口と言われていますが、年齢とともに肌のうるおい成分やうるおいを守る皮脂の量は減っていきますから、その分をスキンケアで補う必要があるのです。

　また、「老けた印象」を与えてしまうシワやたるみの原因になるのが紫外線です。老化の原因の80％以上が紫外線、といわれるほどお肌にとっては大敵。美容液、パック、マッサージなどいろんなケアをする前に、まず大前提として保湿と紫外線対策は必須です。

　高級な化粧品を使ったりエステサロンに行くなど、何か特別なケアをプラスする前に、いえ、高級化粧品やエステに頼るからこそ最大限のパフォーマンスを出すために。

　「保湿」「紫外線対策」の２つは肌トラブルを出さない、肌老化の進行をゆるやかにするためには必須の前提条件になります。小さな赤ちゃんがいたり仕事で余裕がなくケアに時間が取れない、という方や面倒くさがりで毎日ちゃんとしたケアができないという人も、「保湿」「紫外線対策」だけは未来の肌への投資だと思って下さい。たまに気まぐれで行うスペシャルケアに力を入れるより毎日の積み重ねが大切です。

皮膚のしくみとその役割

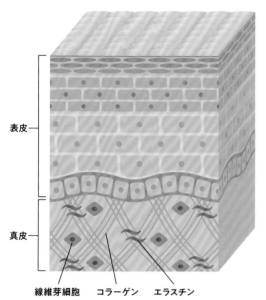

表皮

真皮

線維芽細胞　コラーゲン　エラスチン

表皮と真皮と皮下組織

皮膚は人体最大の器官。表皮、真皮、皮下組織の3層から成り立っています。一番下の皮下組織には脂肪があり、ハリ弾力を司る真皮にはコラーゲンやエラスチンといった組織があります。そして表皮では細胞が生まれ育ち、やがて角質になり剥がれ落ちるターンオーバーが行われています。

線維芽細胞

皮膚の真皮にある、コラーゲンやエラスチンを作る細胞です。この細胞が元気じゃないと、肌の土台が弱くなります。

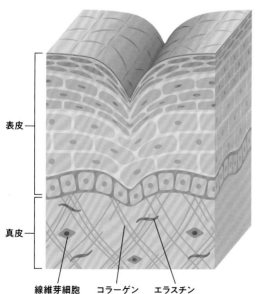

表皮

真皮

線維芽細胞　コラーゲン　エラスチン

コラーゲン

タンパク質は、炭水化物・脂質とともに三大栄養素と呼ばれ、人体を構成する重要な成分のひとつですが、コラーゲンもタンパク質の1種。肌にハリと弾力を与える働きをしています。

エラスチン

コラーゲンと同様に皮膚の結合組織に存在する繊維状のたんぱく質。コラーゲンを束ね、バネのように支えて皮膚の弾力とハリを保つ働きをしています。

保湿について

　肌の潤いの元のひとつ、ヒアルロン酸のピークは12歳だそうですが、12歳以降は二次成長とともに皮脂の分泌が活発になり、潤いを保ってくれます。大人の肌のうるおいは皮脂がポイントなのです。しかしそんな頼みの皮脂も20歳から40歳のあいだに半分以下になってしまうと言われています。実際に、私はもともと皮脂の分泌が活発で、30歳まではオイルフリータイプの化粧品でも十分でしたが、30代後半の今は油分入りのアイテムを使わないとかなり乾燥するようになりました。生まれ持った肌タイプ、季節、過ごす環境も考慮しながら、年齢とともに保湿アイテムを変えながらシワを防ぎましょう。

　「肌が乾燥したら保湿する」と考えている方は多いですが、乾いてから保湿するのでは手遅れ。乾燥しないように保湿するのです。乾燥対策というと、化粧水をたっぷり使う、パックをする、といったイメージがありますが、風邪をひいてから薬を飲むより、風邪をひかない身体づくりをしたほうが良いのと同じ。乾燥しない肌づくりや習慣づくりが何よりも大事なのです。

　スキンケア講座などを行うと生徒さんから「化粧水は何を使ったらいいですか?」「たっぷり塗るのが良いのですよね?」「パックした方が良いですか?」といった質問がとても多いです。化粧水は大事なアイテムではありますが、そもそも肌に浸透する水分量は決まっています。一定量以上は奥まで浸透しないので、表面が十分潤う程度、規定量を塗ったらあとは乳液やクリームなど油分の含まれ

ているアイテムを使用して水分の蒸散を防ぎましょう。「水分を含んだ肌」を生み出すには、化粧水をたくさん塗るよりも水をこまめに飲むことや、質の良い睡眠をとること、食生活や血液循環を良くすることの方が重要です。

　また保湿のために、良い乳液やクリームを必死になって探したりと、アイテムに頼る前に「肌を乾燥させないように工夫する」ことも忘れないでください。どんなに高機能なコスメを見つけても、使うタイミングや前後のケアによっては宝の持ち腐れになってしまいます。

　スキンケアの NG ポイントを挙げてみます。

SKIN CARE CHECK!

- ☐ クレンジング洗顔の時、1分以上顔をクルクルさする。
- ☐ クレンジング洗顔の時、強くこする。
- ☐ クレンジングの時、洗浄力が優しすぎてきちんとメイク汚れを落とせていない。
- ☐ 熱いお湯で顔を洗ったり、シャワーのお湯を直接肌にかける。
- ☐ クレンジング洗顔の後、時間を空けてから保湿する。
- ☐ 髪を乾かす時、ドライヤーの風を顔に当ててしまう。
- ☐ 過ごす空間（寝室や職場など）の湿度が低い。
- ☐ 日中水をあまり飲まない。
- ☐ コーヒー、お茶、ジュースなどで水分を補給している。

あなたはいくつチェックがつきましたか？

前ページのチェック表の結果が「チェックゼロ」を目指しましょう。

　そもそも「乾燥のもと」になる生活習慣やスキンケア習慣を持っていたら本末転倒です。それを「この化粧品は保湿力が足りない」と言ってしまえば、その化粧品がかわいそう。あなたが乾燥を招くことをしていたり、肌機能を落とす生活をしていれば、どんな化粧品だって太刀打ちできません。

　日本は高温多湿のイメージがありますが、梅雨や夏以外は思っているよりも空気は乾燥します。例えば、真冬の東京の湿度はサハラ砂漠の年間平均湿度を下回ることもあります。排気ガスやPM2.5など大気汚染物質が肌を乾燥させたり、肌老化や肌トラブルの原因になるといった説もあります。

　乾燥は表面的な小ジワの原因はもちろん、かゆみや赤みなど敏感症状の原因にもなるので、できる限りの対策をしましょう。

シワを消すのに必要なこと ②

筋肉のケア

シワ対策のためにも、お顔全体を若々しく健康的に見せるためにも、筋肉のケアは大事です。顔の筋肉は場所によって「凝り固まってしまうからほぐすことが必要な場所」と、「衰えて下がるから鍛えるべき場所」があります。

大雑把にいうと顔の上半分は、筋肉がこり固まり柔軟性を失うことで表情をつくる時にできるシワが形状記憶され、無表情の時でも残ってしまう場所。表情ジワの原因になるので、ほぐしが必要な場所です。

顔の下半分は、筋肉が衰えることで脂肪が支えられずに下がってしまったり、筋肉と筋肉の溝がシワになってしまうので、鍛えることが必要な場所です。

例外なのがエラで、エラの筋肉は噛み締めや食いしばりでこわばりやすいので、ほぐすことが必要になります。

エラについて

エラの張りは遺伝じゃないってご存知ですか？私のサロンに来るお客様の中には「小顔になりたい」「エラが元々張っていて顔が大きいのが悩み」という方がいらっしゃいます。中には遺伝だから仕方がないと思い込んでいる方もいますが、実はほとんどが噛み締めや食いしばりによってエラが発達してしまうのが原因です。歯ぎし

りをする人も当てはまります。無意識のうちに上下の奥歯が触れて圧がかかる状態が長年続くことで、ものを噛むための筋肉、咬筋が発達。つまり無意識のうちにエラを筋トレしてマッチョになっているようなものなのです。

　寝ているとき無意識に起こるくいしばりは、姿勢やストレス、緊張などが引き金に。日中も緊張しやすい人、猫背、頬杖をつく人にも起こりやすいです。原因をなるべく取り除き、癖を改善する意識を持ちましょう。

　咬筋は側頭筋と連動しているので、噛み締めなどの癖がある人はハチも張ってきますし、頬など顔の筋肉も一緒に凝って滞るので、むくみやくすみ、また顔の歪みやアンバランスも起こりやすくなります。

　夜寝る前に頭皮や顔をほぐしたり、上半身のストレッチをしたり、リラックスできるようアロマや音楽を使ったりと工夫してみましょう。自分で工夫しても難しい場合は、歯や歯茎に悪影響が出る可能性があるので、歯医者さんや口腔外科で相談しましょう。私も長年歯を食いしばる癖があり、歯医者さんで歯の磨耗を指摘され、保険適応でナイトガード（歯の摩耗を防ぐマウスピースのようなもの）をつくったり、枕の高さを調整したりしています。エラの部分にボトックス注射を打つ治療法などもあるので、食いしばり癖のある人は専門家に相談してみましょう。私のサロンでは、背中の緊張をマッサージでゆるめ、首、肩、鎖骨まわりをしっかりとマッサージ。頭皮や顔の筋肉をほぐしたり引き上げる手技を行うことで、頬の位置が高くなりフェイスラインもシュッとして、エラ解消だけでなく全体を小顔に導いていきます。自宅でできるテクニックは本の中で後ほど紹介しているのでぜひトライしてみてくださいね。

舌のベストポジションについて

○

×

舌の位置が
ベストポジションに
ある場合

口は閉じて上下の奥歯は触れあわず、舌が上アゴに付いている状態がベスト。口が開いている・舌が落ちていると二重アゴの原因に。

筋力で舌を
上あごに
はりつける

上アゴ

前歯

舌の位置が
NG の場合

口の中で奥歯が噛み合うとエラ張りの原因に、舌が下がっていると舌周りの筋肉が弱りアゴのラインがだらしなく老けた印象に。

舌の筋力が
弱っている

上アゴ

前歯

エラ対策のマッサージ

1

エラが張っている人は口を開け、顔の力を抜きエラの筋肉「咬筋」をほぐしましょう。咬筋は奥歯を噛み締めた時に盛り上がる場所。

2

→

肌表面でなく
奥の筋肉を
感じて！

手をグーにし第一関節から第二関節の平な場所をエラに押し当てます。そのまま指を固定し内から外に円をかくようにマッサージを。

老けない習慣づくり

　健康のうえに美容は成り立ちます。身体の機能が正常に働いていなければ、どんな美容液を使っても、どんなサプリメントを摂取してもなかなか変化を感じられません。まずは、健康。そしてそのベースは、水をこまめに飲む、バランスの良い食事をとる、質のよい睡眠をとるなど、結局は「規則正しい生活」がベースになります。もちろんそれがなかなかできないのが私たち現代人なので、コスメやエステ、美容クリニックなどに頼るのも工夫の一つ。ただお金を払い、そういったものに力を借りるからこそ、健康というベースを整えることが効果の実感に繋がり、出したお金以上の結果が得られるのです。

　お客様にニキビがひどい方がいたのですが、スキンケア指導やエステでニキビが半分ぐらいまで減りました。ただそこから先がなかなか良くならず生活習慣をきいてみると、2日に1回はファストフード店へ行き、ハンバーガーとポテトと炭酸飲料を食していたことがわかり、自分のカウンセリング不足を反省。食事や栄養について学ぶ必要性を強く感じました。

　私たち人間の身体のつくりは、原始人時代とそこまで仕組みは変わっておらず、陽が沈んだら休んで寝るようにプログラミングされているし、食べたものを材料にして身体や肌はつくられています。海外の言葉で「 YOU ARE WHAT YOU EAT 」という言葉があります。「あなたはあなたの食べたものでできている」という意味で、

まさに食べたものを材料にして私たちはできているということです。食は肌、身体はもちろん精神をつくる材料です。突き詰めると美肌づくりは、イコール健康な身体・健康な精神づくりでもあると言えるのです。食べたものを材料に身体をつくる時間帯が寝ている時間。つまり良い材料と身体を修復する時間、この2つがなければ、お金をかけても得られる結果は少ないかもしれません。

規則正しい習慣なんて
「聞き飽きた」という人へ

　この本には、当たり前のことばかり書いてあって新鮮さがないと思うかもしれません。でも皆さんはその当たり前のことが実際どのくらいできていますか？できたつもりになっていませんか？もちろん私も完璧な生活を送っているわけではなく、むしろ相当不摂生をしてきました。だけどこんなにも地味で当たり前のことを書くのは、「肌荒れが辛いです」「ニキビで悩んでいます」「まだ若いのにシワが多いです」と悩みを訴える人の中に、生活を無視している人が多いからです。

　私も昔は無関係だと思っていました。学生時代、寮生活をしていたので毎日の食事は寮のご飯でした。寮生活をしている全員が同じものを食べているはずなのに、私はニキビだらけ、アレルギーだらけで、周りのほとんどの人は肌が綺麗。私はちゃんとスキンケアもしていて、でも同じ部屋のあの子はメイクしたまま寝たりするのに私よりも肌が綺麗。なんでなの？不公平！と理不尽を感じていましたし、食事と肌が関係あるならみんな同じ肌のはずじゃん！とも

思っていました。でも今思うのは、身体や肌への影響の現れ方には個人差があるということ。チョコレートを1箱食べたらニキビができる人がいる。1箱じゃできないけど3箱食べたらニキビができる人もいる。同じだけ食べてもできない人もいます。同じ人でも、過ごす環境、スキンケア、体調、年齢で影響の出やすさは変わります。人と比べても意味がなく、大事なのは自分の身体や肌を知って受け入れ、対策していくこと。

　私のサロンサービスの中に遺伝子検査がありますが、それを自分で受けたときにこの「個人差」をはっきりと実感しました。私は糖質も脂質も人よりも影響を受けやすい遺伝子タイプで、さらに過酸化脂質を作りやすくターンオーバーも遅くなる傾向があることが分かりました。つまり、食が乱れれば「ニキビ、口内炎、おデブ」の三拍子が揃うタイプだったのです。10代から20代の私はまさに、いつも「ニキビ、口内炎、おデブ」。本当は人一倍食事に気をつける必要があったのです。身体は「気をつけて」のサインを出してくれていたのに、気づいてあげられずに「なんでなの」と可愛い子を妬んだり、母に八つ当たりしたりした10代。この結果を見た時に、もっと早く知って自分の身体と肌を理解してあげたかったと思いました。

　できるなら、同じ想いをする人が減るように人に伝えたい。美容だけではなく健康の管理にも日々の生活習慣、睡眠、食事は大切です。私たちは、美容のことだけ考えて生きているわけでも健康のために生きているわけでもないかもしれません。仕事や子育て、介護などままならない事情の人もいるかもしれません。だけど、健康を損なえばやりたいこともやるべきことも大きく制限されてしまいます。自分の身体をつくるのも守るのも、結局のところ自分だけ。そ

の責任をとるのも自分です。今の生活に無理があると感じていたり、身体の不調や肌からのサインがでているなら、どうか無視はしないで身体やお肌からの声をひろって改善してあげてください。

息をのむほどの美肌の持ち主

　私が今までの人生で一番「息を飲むほどの肌の美しさ」で感動した人。それはモデルさんでも女優さんでもなく、鎌倉にある禅寺のお坊さんでした。60歳を超えているのに、肌に抜けるような透明感があり、まるで内側から発光しているようでした。血色はよく、シミも少なく、大きなシワも目立たない。もちろん年齢なりの肌老化はみられましたが、肌も、姿勢も、ただずまいも、言葉も、表情も。本当に美しかったのです。

　穏やかで美しい肌と顔。生き方が顔をつくる、習慣が顔をつくるのを、まさに見せつけられたようで。エステティシャンになりたてで、高級美容液やサプリメントの最新成分で効果を出そうと躍起になっていた当時の私には、とても衝撃的でした。禅僧のように早寝早起き、精進料理、穏やかな精神でいることを実践できたらきっと誰しもあんな美肌になれるのでしょう。みんながそうなったら、この世の中からエステサロンや美容皮膚科、高機能化粧品やサプリメントはなくなるかもしれません。まさに理想の状態で、私の密かな目標です。実際にはお坊さんのような食や生活習慣は全くできていませんが、たまに思い出しては生活が乱れた時の戒めにしています。

第2章

なぜケアしてもシワ肌が
改善されないのか？

高級化粧品さえ使えば大丈夫？マッサージや
パックをこまめにすれば大丈夫？この章では、
今まで語られてきた美容神話や「これさえす
れば万能！」への誤解を一つひとつ解いてい
きます。

美容にまつわる誤解 **1**

化粧品がシワを
取り除いてくれる

　年齢を重ねてシワが気になり始めたとき、あなたならどんなケアを始めますか？

　今までとは違う化粧品を試し、効果がなければまた違うものを買ったりと、「自分の肌にあった運命の化粧品」を探すのではないでしょうか。私もニキビ肌がコンプレックスで、若い頃からバイト代やお小遣いで化粧品を買い漁りました。ドラッグストアを何時間もぐるぐる見て回ったり、年齢不相応なデパートコスメを母にねだったり、通販のニキビ化粧品を買ったりと、本当にたくさんお金を使ってきました。

　今でも新しい化粧品を開封する時は「これは運命の化粧品」「もっと綺麗になれる」と胸を高鳴らせて手に取り顔につけますが、もちろんそれは「魔法」であるはずがなく……化粧品は、私たちの気分を高め、清潔にし、肌の健康や綺麗の後押しやサポートはしてくれますが、「これさえ塗れば全て悩み解決」「これさえあれば若返る」というものではありません。

　どんな肌トラブルでもそうですが、肌を健康に、綺麗にするのは、化粧品ではなく、私たち自身の力です。健康な肌をつくるための生活や姿勢を整えることは、自分の力でしかできません。自分の免疫力や回復力など「生き物としての力」を上げるのが一番の美肌への近道であり、化粧品はあくまでもそのサポート役。綺麗になるため

の主戦力は「自分」だということを覚えておいてください。どんな高級な化粧品を塗っていても、毎日ろくに眠らず、ろくなものを食べずでは、せっかくのコスメも力を発揮しようがありません。

レーザーや成分注入などの施術を受ければ、日々のお手入れはサボってもOK

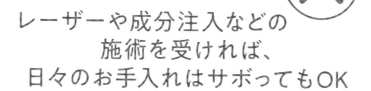

　サロンのお客様の中には整形やプチ整形をしている方も少なくありません。今は以前よりも手軽に受けることができますし、プチ整形に頼る年齢も低年齢化しているように感じます。自分の人生に責任を持つのと同じで、自分の顔に責任を持つのがかっこいい大人。自分の顔を自分で作り上げるという気持ちがあれば、整形をするのもしないのも、どちらも素敵だなと感じています。

　だから整形やプチ整形を批判する気は全くありませんが、一つ注意して欲しいのは、クリニックでの治療や施術は決して魔法の手段ではないということです。シミができたらレーザーで消せばいい？たるみや大ジワができたら糸であげればいい？プロに頼る事は時に必要ですが、お金を出すだけで万事解決！ではないのです。レーザーで消えないシミもあるし、一度消えてもまた数年で同じ場所に出てくることも。たるみもそうです。糸で一時的にリフトアップしても、たるむ習慣をやめなければ、またすぐにたるみます。普段不摂生していれば、施術後のダウンタイム（回復期）に影響も出るでしょう。

自分の生活は何ひとつ変えずに整形だけに頼るのではなく、やるのならその前に自分でできる万全の準備を。

　またこれはあくまでも私の感覚によるものですが、コラーゲンやボトックス注入を繰り返しているお客様は、くすみが抜けなかったり、肌表面や脂肪や筋肉にしなやかさがなかったり、エステの結果が出にくい方が多いように感じています。一、二回ではなく数ヶ月置きに何年も注入し続けている方の一部のケースですが、肌の中に何かダマのようなものを感じる場合も。本来健康な細胞に針や異物を注入するのですから何かしらの変化が出てもおかしくないのでは？と思うこともあります。

　私自身も今後お世話になることがあるかもしれませんが、どこまでやるのか、リスクは何か、しっかりと見極めようと思っています。人の顔の美しさは、シミひとつない肌、シワひとつないお人形さんのようなものよりも、生き方や個性を感じる表情など、温度感を伴うものだと思います。完璧すぎるものや不自然さを伴うものは、時に老化現象よりも、人に脅威や違和感を与えます。心も顔も柔軟性があるのが、美しい年齢の重ね方だと感じています。美容医療に頼るなら依存するのではなく、上手なお付き合いをしていきましょう。

美容にまつわる誤解

「ながら」でできる
コロコロ式美顔器はシワとりの近道

　コロコロする美顔器、とても流行りましたよね。私も御多分に洩

れず持っていて、今でも使用しています。ただしコロコロは美顔器としてではなく、頭皮や首など「顔周り」のマッサージ用と限定して使っています。顔にかかる「摩擦」はできる限り避けたいからです。摩擦が加えられるのは、肌にとっては戦車で土地を荒らされているようなもの。キメが乱れたり、赤み、シワ、たるみを招くこともあります。しかも圧を加えないと筋肉はほぐれてくれないので、ほぐしたいところをコロコロ滑らせていてもあまり意味がないのです。顔をやるのであれば、しっかりと保湿をして緊張や噛み締めの癖などで硬くなった咬筋、側頭筋、頭皮の筋肉、姿勢の悪さで縮こまった胸鎖乳突筋や肩周り、老廃物がたまりやすい鎖骨周り、胸元などをしっかりとマッサージするのがオススメです。

　頭皮や首、デコルテなど顔周りのコリがほぐれ循環が良くなれば、顔のくすみやむくみがすっと抜け、目もぱっちり、顔も自然とシュッとリフトアップします。持っている人はぜひ上手に活用してみてください。

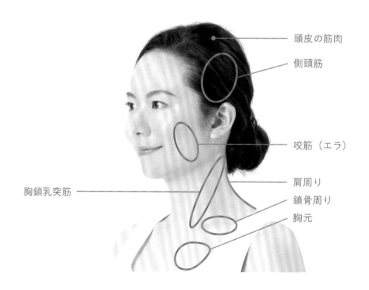

頭皮の筋肉

側頭筋

咬筋（エラ）

肩周り

鎖骨周り

胸元

胸鎖乳突筋

美容にまつわる誤解 4

努力は裏切らない。毎日の入念なマッサージが美肌を生む

前述の通り、摩擦のかかるマッサージを日常的に行うことは、肌のキメを荒れさせ、場合によってはシミ、シワ、たるみの原因になることもあります。マッサージ自体は、顔の筋肉をほぐしたり、循環を高めたりと、むくみ、くすみ、シワ、たるみの予防にはいいのですが、問題はそのやり方。適度に正しく行うならいい効果は得られますが、やりすぎは逆効果。サロンのお客様でも「毎日自分でマッサージしています」という美意識の高い方がいらっしゃるのですが、そういった方は初回来店時に頬の赤みや肌の磨耗が見られ、キメが流れてしまっていたり、小ジワが多い傾向にあります。場合によっては皮膚の中で細かい血管がダメージを受けて赤みが出ることも。

またクレンジング剤などでマッサージをしている人は必ずと言っていいほど、乾燥や敏感、キメが壊れているような症状が見られます。自分でやるなら、プロの教え通りに、摩擦のかからない手技のマッサージを。摩擦のかかるような顔のマッサージはたまに行くエステサロンなどのプロに任せて、自宅では肌の摩擦はできるだけ避けて過ごしましょう。

美容にまつわる誤解

毎晩のスチーム美顔器
使用でつや肌に

スチームで丁寧に保湿しながらスキンケア。これもやり方によってはマイナスになります。

● **毛穴が詰まる人／オイリー傾向の人**

保湿時ではなくクレンジングや角質ケア時にスチームを使った方が毛穴が開き毛穴に詰まった皮脂などの汚れをも落としやすいです。

● **乾燥肌の人**

スチーム時間は短めに距離は離して。

● **炎症ニキビが多い人や敏感肌、赤みや痒みのある人**

特定の肌トラブルがある時は、使用しないようにしてください。スチームは角質層を水分で満たすので、潤った感じがしますが、そのあと保湿をしないと急激に乾燥していきますし、長時間使用するとバリア機能が弱くなることもあります。

スチームは、「やればやるだけキレイになる」と思わず自分の肌タイプを見極め、時間や距離、温度の調整をしながら上手に活用しましょう。

美容にまつわる誤解

スキンケアは
時間をかければかけるほど効果的

丁寧なスキンケア、というといかにも肌に良さそうな感じがします
よね。肌をゴシゴシ擦ったり、強い圧をかけるのは NG とは申
し上げましたが、だからと言って丁寧に時間をかけていると逆効果
になることもあります。

　例えば化粧水を肌にしっかり浸透させてから次のものを塗る……。
これ、一見丁寧で良さそうですが、実は化粧水に浸透タイムはいり
ません。化粧水は角質層といって一番上の層までしか届かないので、
必要以上にたっぷり塗ることにあまり意味はなく、浸透するのに時
間を置くのはただ蒸散して乾くのを待っているようなものです。化
粧水が角質層を満たしたら、水分を含んでいるうちに次の保湿剤を
塗ることで、浸透を助ける役割があります。化粧水を塗ったらすぐ
に美容液、乳液、クリームなど油分の入った保湿剤まで塗りましょ
う。まれにしっかりと乾かしてから次のものを塗るタイプの化粧品
もありますが、そういった特別な使用方法や記載がなければ時間を
空ける必要はありません。手早く塗っていきましょう。

　パックやマスクも長時間放置するのは逆効果。時間が長いほど効
果が出そうな気もしますが、実は、シートマスクは水分ベースのこ
とが多く乾きはじめると同時に肌の水分も奪い出します。住環境や
季節に合わせて 5 ～ 10 分など適度な時間で。「まだ潤いが残ってる
から外すのもったいないな」くらいのタイミングで外してしまいま
しょう。またクレイパックも、乾くと同時に皮脂の吸着を行うので、
長時間乾かすと肌がカッピカピに乾燥します。基本的にスキンケア
や美容法で、「たくさんやればやるだけ良くなる」ものってそうそ
うありません。「やらなさすぎ」は老化やトラブルの元になるけれど、
「やりすぎ」も同じく老化やトラブルの元。ポイントをおさえたら、
あとは「適当」「適度」が一番です。

第3章

肌表面からの
ケアをする

肌表面のしくみや、美容神話への誤解について、ご理解いただけましたか？次は具体的なケアの仕方へと進んでいきます。

保湿とUVケアがいかに重要か

　美容本や雑誌をよく読んでいる人にとっては、「そんなこと、もうとっくに知ってる」と思われそうな保湿とUVケアの重要性。でも知っていてもやっていない人、知らずに保湿もUVケアもしてない人は意外にも多いのです。「保湿」というと「化粧水をたっぷり塗ったらいいですか？」と聞かれることがありますが、前述の通り化粧水は肌の表面の角質層までしか届きませんし、一定量浸透したらそれ以上は入っていきません。しかも化粧水は水ベースのため、たっぷり塗っても蒸散して終わり。大人の肌には保湿＝油分と考えてください。忙しくて、顔にスキンケアする気力がない時はせめて化粧水だけでも塗ろう、という人が多いですが、一つだけ塗るなら断然クリームやオイルをおすすめします。油分は肌を滑らかにし、水分の蒸散を防ぎ、肌が乾くのをカバーしてくれるからです。例えるなら、革のバッグ。あなたは革のバッグを持っていますか？お手入れはどうやりますか？まずは汚れを落とし清潔にしてから油を塗りますよね。革のバッグは乾燥すると、持ち手など酷使する場所からシワがより、ひび割れてツヤを失い色もくすみます。油を塗ってお手入れすれば、シワやひび割れもできにくく、ツヤを取り戻し色も鮮やかさを取り戻す。私たちの「皮膚」も「皮革」と一緒です。

　紫外線対策も基本中の基本で、どんなに高級な化粧品を使っていても、エステや美容整形に行っていても、紫外線の影響を受けていれば「ランニングしながらケーキを食べている」のと同然のイタチ

ゴッコ。紫外線は酸化や糖化の原因になり、肌老化や肌トラブルを招きます。ビタミンＤの合成、セロトニンの分泌など紫外線を浴びることでの健康効果もありますが、それは日焼け止めを塗っていても得られるもの。太陽エネルギーを感じることは人生において大事な時間ですが、むやみに浴びるのは避けましょう。サロンのお客様でも、海や山、旅行などレジャーに行くときはしっかりと対策するのに、日常の紫外線には無防備、という人が多いです。シワやたるみなど細胞レベルの老化に繋がるのは、むしろ日常で浴びる「ちょっと」の紫外線の積み重ねの方。レジャーや特別な日のケアではなくて、紫外線対策を日常の習慣にしていきましょう。

スキンケア用品は肌にとっての異物

スキンケアのさじ加減

　肌をつくるのは食べたもの。血液が栄養を運び肌の材料になり肌がつくられていく。だからこそ生活を整えることや食事など、中からのケアはとても重要です。だけどもちろん外からの影響も肌は大いに受けます。皮膚は人間にとって一番外側にある、人体最大の器官。紫外線、細菌やウィルス、異物などから身体を守る役割や、汗や皮脂を分泌したり温度調整を行ったりと、人が健康に生きていくための役割を担っています。私たちががんばって浸透させたい化粧品も、美しくみせるためのメイク製品も、皮膚にとっては異物扱い。本来は皮膚の中に通さないようにできています。排泄器官でもある皮膚本来の役割を邪魔しないために、汗をかくことや毛穴をつまら

せないための汚れ落としは、「たくさん塗りたくる」ことよりも重要です。ファンデーションが濃いならクレンジングも洗浄力の強いものを使う、毛穴がつまりやすい人やゴワつきが出やすい人は角質ケアアイテムをプラスするなど、「まずは出す」のを意識しましょう。また、紫外線やスマホやPCのブルーライト、空気の乾燥、PM2.5や花粉、排気ガスなども外部刺激ですが、スキンケアの不足、過剰なスキンケア、間違ったスキンケアは、全て肌にとっての余計な外部刺激。肌トラブルや老化の原因になり得ます。適切に、適度に。例えば、敏感肌なら化粧品のアイテム数を減らしたり、毛穴詰まりやニキビに悩む人はノンコメドジェニック製品を選んだり。トラブルのない人でも、基本的には摩擦や刺激の少なくなる工夫を身に付けましょう。

間違ったスキンケア例

　ファンデーションは落ちにくくしっかりめなのに、クレンジングはオーガニックで洗浄力の優しいもの、など。せっかくの肌に優しいクレンジングもメイクが落ちていなければ意味がありません。クレンジングの洗浄力が高くよく落ちるものに変えるか、ファンデーションを落としやすいものに変更しましょう。クレンジングとベースメイクはセットで考えると間違いが起こりにくいです。

365日休まず日焼け止めを塗る

　紫外線はシミの原因になるだけでなく、肌の奥の層にあるコラーゲンやエラスチンを変性させる原因になります。コラーゲンやエラスチンは肌のハリ弾力を司るもの。これが低下したり紫外線によって質が悪くなるとハリ弾力低下だけではなく、シワ、たるみ、黄ぐすみなどの「肌老化」が進行します。コラーゲンの製造能力は20歳がピーク、エラスチンは25歳といわれていて、紫外線でこうした肌老化が加速します。だからこそ、紫外線対策は歯磨きレベルで毎日当たり前にすることを習慣化してほしいのです。どんなに忙しくても余裕がなくても保湿と紫外線対策だけは空気を吸うくらい当たり前にやってください。今美容にかけるお金がなくても、時間がなくても、肌や美容への情熱がなくても、この二つができていればあとから挽回が効きます。逆にこの基本をおろそかにすると後で巻き返すのはとても難しいのです。

&be UV ミルク

人気メイクアップアーティスト河北裕介さんプロデュース。紫外線吸収剤不使用でSPF50PA＋＋＋＋。ポンプタイプは使いやすく高コスパ。全身に使用でき肌を綺麗にみせてくれます。

シワを改善する成分・化粧品の選び方について

　つい数年前まで、シワは化粧品での保湿で予防はできても積極的な改善はできず、保湿成分などで「ハリ弾力を出す」のみにとどまっていました。しかし近年、化粧品業界の進歩や医薬部外品認可によって「シワ改善」が謳える化粧品が増えてきており、特に2019年は優秀なシワ改善化粧品が豊作な一年でした。今後もきっと素晴らしい成分や製品が出てくる予感が。現時点だとシワ改善の有効成分として認められているのは「レチノール」「ニールワン」「ナイアシンアミド」など。目元の小ジワや表情ジワが気になる人は、顔のマッサージやストレッチといったセルフケアに加えて、そういった成分配合のコスメに力を借りるのも効果的です。特に学生時代に屋外での部活など紫外線を浴びる機会が多かった人、過去に大きな肌トラブルがあった人、長年肌荒れしてきた人、接客業や表情が豊かな人、もともと乾燥肌の人、骨格的にシワができやすい人などは、積極的に取り入れて根気よく「シワ改善コスメ」を続けていきましょう。

レチノール

ダーマロジカのエイジRアイコンプレックス。マイクロカプセル化したレチノールとナイアシンアミドがシワにアプローチ。

ニールワン

POLAの薬用美容液リンクルショットメディカルセラム。肌の真皮成分コラーゲンやエラスチンなどの分解を抑制し、シワを改善します。

ナイアシンアミド

カネボウDEWリンクルスマッシュ。薬用シワ改善美容液。有効成分ナイアシンアミドがシワ改善へと導いてくれます。

高級コスメに頼ればいいわけじゃない

　値段の高い化粧品の方が、なんだかいいものが入っていて効果がありそうですよね。私も以前はそう考えていました。成分の原材料、抽出方法、配合量……値段に比例する部分ももちろんあるのですが、高くても肌に合ってなければ意味がないし、摩擦や圧の強い付け方、使い方が間違っている、使う順番や量が間違っているなど、正しく使えていない場合も効果が出ません。化粧品は、肌の悩みや年齢ではなく、自分の油分の量で選ぶと失敗しにくいです。例えばドラッグストアやネットで販売されている化粧品の多くはシミに、シワに、ニキビに、など「肌悩み」別のものが多いですよね。ですが基礎化粧品を選ぶ時に自分のベースの肌質を無視して肌悩みにフォーカスすると、肌悩みが解決しないばかりか余計な悩みが増えることもあります。例えば乾燥肌の人が、シミが気になるから「ホワイトニング、美白」の化粧品をライン使いする。一見問題なさそうですが、乾燥するとバリア機能が弱り、紫外線の影響や摩擦の影響を受けやすく、色素沈着も起こしやすいので、最優先すべきは乾燥を解消する化粧品を選ぶことなのです。しかしホワイトニング系の化粧品は夏場に売れるためさっぱりしていて油分量が少なめの製品が多いのです。また極度に乾燥した肌の場合、美白の有効成分が刺激や赤みの原因になることもあり得ます。ですので、まずは自分の肌の油分量に合わせて、うるおいある肌の状態をつくれる基礎化粧品を選ぶ。

スキンケア用品の選び方のコツ

ダーマロジカ

肌の健康を第一に考えたブランド。全商品ノンコメドジェニック、鉱物油、ラノリン、変性アルコール、タール色素、合成香料フリー。しっかりとしたカウンセリングで、一人ひとりの肌質と肌状態に合わせてアイテムを選んでいくのでパーソナルケアが可能。肌の健康を守り育てるブランドです。

世界中のセラピストに支持されるプロフェッショナルブランド。

WOVEstyle

肌トラブルの根本原因である「細胞の老化」に着目したメディカルスキンケアのブランドです。シミ、シワ、たるみなどの肌老化に積極的にアプローチしてくれ、大人ニキビの方にもおすすめできるお化粧品です。摩擦が起こりにくいテクスチャーで、お肌にも優しい。肌トラブルのない健康な肌に。

美容クリニック完全監修の先進エイジングケアブランド。

マッサージに
乾燥に

マッサージに
エイジングに

ワイルドローズビューティバーム

バーム状美容液。保湿力はもちろん、香りもよくマッサージにも適しています。ビタミン豊富なローズヒップ配合。／ニールズヤードレメディーズ

ピュアオイル

熱処理をした天然セサミオイル。乾燥はもちろん、くまやくすみ、冷えや首肩コリにも。アンチエイジングに嬉しい。全身に○。／シムシムジャパン

43

肌のベースが整ってから悩みにアプローチする美白のものを使った方が「合わない」が起こりにくいのです。またクレンジング、洗顔、化粧水、乳液、といった基本のアイテムは「自分の肌質や油分量に合わせた保湿系」で選び、美容液やパックなどスペシャルケアの製品を「悩み解消」のアイテムにする、といった組み合わせ方もオススメです。先ほどの乾燥肌さんの例ですと、保湿系の化粧品をメインにして、美容液だけ刺激少なめの美白美容液にする、と言った感じです。また化粧品は即効性を求めて取っ替え引っ替えせずに、赤みや痒みなどの異常がなければ三ヶ月は使用を継続してみましょう。

マッサージや保湿に。
肌質に合ったオイルの選び方

敏感肌	**精製されたホホバオイル、** **スイートアーモンドオイルなど** （敏感肌の人は「有機溶剤、溶剤抽出」という方法で抽出された製品や未精製のものは避けた方が無難。オイルは相性があるので二の腕の内側などでパッチテストをしてから使いましょう）
乾燥肌	**カレンデュラオイル、** **スイートアーモンドオイル、** **アルガンオイル、カメリアオイルなど**
脂性肌	**オイルフリータイプのマッサージ剤、** **セントジョンズワートオイル、** **グレープシードオイルなど**
シワ・たるみが気になる	**キュアリング**（熱処理）**したセサミオイル、** **マカデミアナッツオイル、** **月見草オイル**（ブレンドでローズヒップオイルも）**など**

マッサージや保湿に使うオイルは、迷ったらホホバオイルかアルガンオイルがおすすめ。アルガンオイルは保湿をしつつ皮脂コントロールをしてくれるので混合肌の方にも使いやすく、抗酸化力が高く栄養も豊富です。またホホバオイルは全ての肌タイプで使えて酸化もしにくいので管理が楽で香りもあまりありません。またセサミオイルも、シワを始め肌老化や冷え、コリの解消に役立ち酸化にしくいので使いやすいです。

ニキビのある人はティトゥリーの精油がブレンドされているものを使ったり、精油を数滴（顔に使う場合は 10ml のオイルに対して1滴くらいの濃度にしましょう）。殺菌、抗炎症、鎮静作用があります。シミやニキビあとが気になる人は、ブレンドでローズヒップオイルを。ビタミン C を含んでいて美白効果があります。

マッサージする時の注意点

1	赤み、ピリピリ、ガサガサ、痒み、炎症ニキビなど、肌に異常や違和感がある場合は、マッサージは NG
2	異常が部分的ならその場所だけ避け、首やデコルテ、頭皮を中心に行いましょう。
3	インフルエンザなどの感染症にかかっている方、投薬治療中、通院中、妊娠中、持病のある方は、主治医と相談の上行ってください。

ワンポイントアドバイス	マッサージやケアの前に、コップ1杯分の水を飲むとより効果的

洗顔後は5秒以内に油分で保湿

　クレンジング、洗顔後はすぐに保湿しましょう、というのは美容感度の高い人にとってはもう当たり前という感覚ですよね。おさらいですが、顔を洗った後やお風呂に入った後は角質層に水分が浸透しふやけた状態になります。一見潤うのですが、数分後には角質層を満たした水分は肌のうるおいとともに蒸散を始めます。これを防ぐために「すぐに保湿」なのです。オイリー肌で若い、油分分泌が過剰な場合は自分で油を出せますが、若いけど乾燥肌の人や年を重ねた人は、油分を化粧品に頼りましょう。この場合の保湿とは、油分を含んだ製品のこと。洗顔後やお風呂上がりは、化粧水＋乳液まで。育児中で時間がない人やめんどくさがり屋さんは化粧水を省いて乳液やオイルでも構いません。水気が付いている状態の上からで構わないのでオイルやクリームをバスタオルと同じところに置いて、パパッと塗ってください。3秒くらいで塗れるはずです。オイルだと伸びもよく広範囲に塗布できるので、忙しい方におすすめです。私はポンプで出せるオイルをバスタオルの隣に置いて全身にバーっと適当に塗っています。多分5秒くらいですがこれをやり始めてボディの乾燥は無くなりました。水分でふやけた肌は放置すれば、バリアが低下して乾燥が悪化します。これは顔も身体も一緒です。生き生きとした顔をつくるのに潤いは一番のベース。バリア機能が高く潤いのある肌は、肌荒れも老化もしにくいです。

シワを防ぐ洗顔方法

顔を洗う

皮膚がよれないよう、「小鳥の頭を撫でるよう」
にくるくるします。頬の高い位置は何度も触り
がちなので、赤みが出やすい人は注意を。

皮膚や筋肉が動く、よれるのは力が強い証拠。指
や手の力は抜いて。長時間の洗顔やマッサージ、
シャワーのお湯を直でかけるのも NG。

タオルで
拭く

タオルで拭くのではなく、軽く押し当て、水気
をタオルに吸い込ませる感じで。上下に動かさ
なくても水気は OFF できます。

皮膚に圧をかけたり、上下にこするのは肌負担
に。力を入れて摩擦がかかれば、シワやたるみ、
肌トラブルの原因になることも。

オイルや
クリームを塗る

オイルやクリームも指の
力を抜き優しく塗布。摩
擦しないよう、皮膚や筋
肉がよれないように、優
しく手早く顔の中心から
外へ広げます。

第4章

筋肉を味方につける

スキンケアの方法の次は、筋肉を鍛えたり緩めたるするマッサージ。エステでは、私がお客様に施術しますが、ここではご自宅で手軽にご自身で行える方法を伝授します。

たるみと表情ジワ・ 両方ないのが理想の状態

　肌、顔の状態としては、たるみやもたつきがなく、表情ジワのない状態が理想的ですが、加齢などにより、いつまでも20歳のようなハリやつるつる感を保つのは難しくなります。ただ私自身、たくさんのお客様の顔を見てきて思うのは、年齢を重ねるとともに目尻や顔全体が少し丸く優しく下がるのは、とても魅力的で美しい変化だということ。逆に美容整形などでパツンパツンに張った皮膚や顔は、優しさがなく違和感を感じます。

　とはいえ、循環が悪く老廃物がたまり、大きく下にたるんだり横に広がったり、マイナス感情を連想させる眉間、ほうれい線、マリオネット線などの表情ジワが目立つ「いじわるな顔」「不機嫌な顔」は、近寄りがたいと感じられてしまうことも。

　理想は、皮膚表面も潤いを感じられてふっくらしていそうな肌、変な滞りがなくメリハリのあるラインを保った輪郭。そのためには保湿などのスキンケアと、滞りを流して循環をよくするマッサージやセルフケアの両輪が必要です。

緩める筋肉と鍛える筋肉を理解する

　セルフケアをするときに大事なのが「今どこの筋肉をどうしているのか」を自分で理解して感じること。マッサージひとつとっても「鍛えているのか」「緩めているのか」を意識してセルフケアをすることで「ただなんとなくやる」だけよりも結果に大きく差が出ます。大雑把に説明すると、顔の上半分は筋肉の緊張やこわばりからシワが刻まれやすい場所なので「緩める」がメイン。顔の下半分は筋肉の衰えからシワやたるみができる場所なので「鍛える」がメインです。ただし、鍛える前に循環が悪い、筋肉がかたくなっている人はまず「ほぐす」「流す」という工程が必要になります。流れをよくする、こわばりはほぐす、衰えは鍛える。これを意識するのが大切です。

ほぐす

鍛える

シワ・たるみは化粧品よりも筋肉ケアが効果的

　化粧品でのスキンケアは、肌の保湿や保護という意味でとても大切です。小ジワ予防にも必須。ですが、表情ジワやたるみは化粧品だけでは改善が難しいのも事実。保湿やハリ弾力の出る成分配合の化粧品を使用したり、先ほど紹介したシワ改善として認可された成分の化粧品の力も借りながら、肌の表面だけではなく、もっと奥にある「筋肉のケア」もしていきましょう。こわばって硬くなった筋肉は伸ばす、ほぐす。年齢とともに衰えて下がってくる筋肉は鍛えてあげる。筋肉は天然のコルセット、なんていわれていますが、顔にもそれは当てはまります。

緩めるべき筋肉とは？

おでこ・眉間・頬・ゴルゴ線の筋肉

　ほぐすべき筋肉はおでこや目の周り、頬。おでこ（前頭筋という筋肉）、目の周り（眼輪筋、皺眉筋といった筋肉）、頬周り（頬筋など多数の筋肉が連なっている）は硬くなり循環が悪くなり、むくみ、その重さで下がり、シワやたるみを引き起こしたり、皮膚や筋肉の柔軟性が失われてシワが形状記憶されやすくなります。
そうなると、おでこの横ジワ、眉間のシワ、目のたるみやクマ、ほうれい線、ゴルゴ線などが目立ってきます。

ゴルゴ線

51

口周り・首周り・頬を引き上げる筋肉

　鍛えるべき筋肉は口周り、首回り、頬を引き上げる筋肉です。意外に使わずに衰えやすいのが、舌に連動する筋肉、口角を上げたり頬を引き上げる筋肉、そして首周りの筋肉。特に首回りの筋肉は、縮こまると二重アゴ、フェイスラインのもたつき、首のシワ、バストの下垂など上半身の「おばさん化」を引き起こします。デスクワークが長い、スマホ時間が長い、猫背や崩れた姿勢の人は首の前側の筋肉が上手に使えずに衰えて美容面だけでなく首こり、肩こり、人によっては頭痛など不調の原因にもなります。バレリーナやヨガの先生が首がすっと長く伸びてデコルテ周りが美しいのは、姿勢が綺麗で首周辺の筋肉をうまく使えているから。生まれ持った顔の良し悪しよりも、首やデコルテのたたずまいが「美人度」を左右します。デコルテ、バストまでが顔。体重は変わらなくても「痩せた？」「なんだか若返った？」という印象になります。

部位により、一番効果的にマッサージできる指使いをそれぞれ何パターンかご紹介します。

親指　　　　　人差し指と中指　　　5本指（開く）　　　5本指（閉じる）

おでこのシワに効く

おでこは頭皮と額の筋肉（前頭筋）が大きく影響。
ここをほぐすと目元もぱっちり。

頭皮ほぐし

手をグーにし、第一と第二関節の間の平な部分を押し当てます。圧をかけ中央に頭皮を寄せます。円を描いたり、ゆらしたりしてもOK。

おでこの ツボ押し

← 最後は生え際も
← 3列目
← 2列目
← 1列目
（この位置からスタート）

眉の上に四指を置き圧をかけます。小さな円を5回から10回描きます。指を上に移動させて1〜4列。皮膚表面を滑らせないように。

おでこほぐし

スキンケアの
ついでに
シワのばし

slide
slide

1 生え際に四指を押し当て、内から外へ小さく円を描きます。少しずつずらし、耳の上までほぐしましょう。

2 乳液やオイルをつけたあとは手の平全体をおでこに密着させ、眉の上から生え際までスライド。

目のツボ押し

1 目頭の上、凹んでいる場所に親指を当て深呼吸のテンポ1・2・3でゆっくり圧をかけ、抜きます。

2 眉毛の真ん中の位置を中指で下から押し上げるように。目のむくみ、たるみ、眼精疲労にも。

3 眉尻のくぼみに中指か人差し指で圧をかけ軽く押し上げます。目元のシワやたるみにも。

眉間のシワに効く

「シワを寄せる表情をしない」が一番。
筋肉が硬いとシワが定着するのでほぐし手技を。

yura
yura

1

眉間のシワほぐし

額の筋肉を上へあげ、反対
の人差し指の第一と第二関
節の間の平な部分で眉間に
圧をかけ左右にゆらす。

slide
slide

2

眉間のシワのばし

眉頭から斜め上に、軽く圧
をかけてシワを伸ばすよう
にスライドさせます。左右
5回づつ。

4

55

ほうれい線に効く

ほうれい線は多くの筋肉が関わります。特に側頭筋ほぐし（P.65）と一緒に行うと効果 UP が期待できます。

1

頬骨

① ② ③

頬下ほぐし

頬骨のキワ（内側）から下アゴの骨までの間を中指と薬指で圧迫。コリが強い人は左右に揺らして。硬い場所は多めに。

2

押して
上げるように

push
push

3

頬上ほぐし

頬骨の上を縦のラインで三箇所圧迫しながら上と下に揺らす。親指の第一と第二関節の間の面を使って。

顔下半分を流す①

1

スキンケアの流れで乳液やオイルをつけて

2

乳液やオイルをつけて。下アゴの骨を親指と人差し指で挟み圧をかけ、アゴ先から耳までスライド。

slide
slide

顔下半分を流す②

slide
slide

1 頬骨の際に手根をあてて内から外へ耳の前まで圧をかけスライド。摩擦に弱い、赤みがある人はNG。

2

顔下半分を流す③

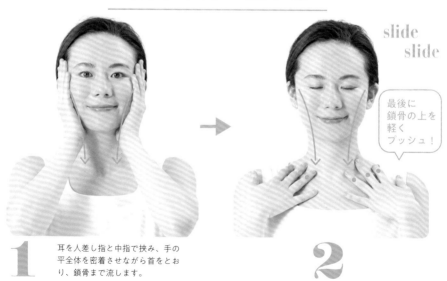

slide
slide

最後に
鎖骨の上を
軽く
プッシュ！

1 耳を人差し指と中指で挟み、手の平全体を密着させながら首をとおり、鎖骨まで流します。

2

ほうれい線とエラに

yura
yura

下アゴと頬骨の間のところに中指、
薬指を当てて圧をかけます。硬い
人は左右に揺らして。

マリオネット線に効く

マリオネット線はほうれい線と連動して深くなるので、
ほうれい線のケアも同時に行うと効果 UP ！

線をゆらす

1

人差し指の第一と第二関節
の間の面をマリオネット線
に当て、左右に揺らします。

↓

yura
yura

2

手根でほぐす

1

手根をマリオネット線の下
に当て、頬骨の下まで、そ
こから頬骨の下を耳の前ま
で圧をかけてスライド。

乳液や
オイルを
つけて！

テーブルに
肘をついても
OK!

slide
slide

2

二重アゴに効く

加齢とともに痩せていても二重アゴに。
マリオネット線や口角下りが気になる人も行って。

アゴ裏を
指で押す

アゴの裏を指で圧迫刺激。テーブ
ルに肘をついて行っても◯。顎先
からエラの方まで圧迫を。

舌を動かす

アゴの筋肉も
感しながら

keep
keep

→

1

舌を真っ直ぐべーっと出します。そ
のまま5〜10秒キープ。左に動か
しキープ、反対も同様に3セット。

2

下アゴの際を 指で押す

1

下アゴ・耳側の裏に三指を
入れて圧迫。爪が長い方は
人差し指の第一と第二関節
の間の面を使って押します。

ぐーっと圧迫。
5〜10秒キープ。
痛気持ちいい
強さで

push
push

slide
slide

最後に
鎖骨の上を
軽くプッシュ

2

1で押したところから鎖骨
上まで手を滑らせて流しま
す。

忙しい、肌荒れでケアが難しい…。そんな時にはコレ。
日中やメイク時でもできるお手軽セルフケアです。

髪を掴んで揺らす

yura
yura

髪の根元を掴んで地肌に圧をかけながら揺ら
します。根元で掴まないと痛いので注意。少
しずつ場所をずらし、頭全体をまんべんなく。

側頭筋ほぐし

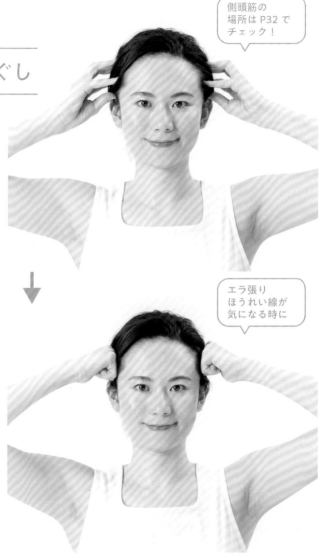

側頭筋の
場所は P32 で
チェック！

エラ張り
ほうれい線が
気になる時に

1

指の腹で頭皮を圧迫しなが
ら上下に揺らします。→頭
皮を持ち上げるよう円を描
きます。

2

1と同様な動きをグーの第
二と第三関節の間の面を
使って行います。表面では
なく、筋肉をとらえるのが
ポイント！

耳のマッサージ

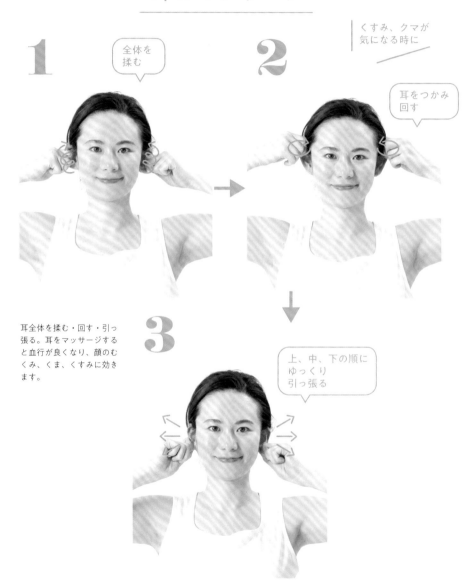

1 全体を揉む

2 くすみ、クマが気になる時に

耳をつかみ回す

3 上、中、下の順にゆっくり引っ張る

耳全体を揉む・回す・引っ張る。耳をマッサージすると血行が良くなり、顔のむくみ、くま、くすみに効きます。

耳の上マッサージ

ほうれい線が
気になる時に

円を描き

ココに
親指をあてて

耳の上の頭皮を持ち上げる
ように円を描き、上へ引き
上げます。時間がない時は
2だけでもリフトUP効果
の即効性があります。

上へ
引き上げる

頬のストレッチ

頬のたるみ
シワの予防に

1

思いきり頬を膨らませて5
秒キープ。思い切り吸い5
秒キープ。頬の奥の筋肉に
アプローチします。

keep
keep

2

keep
keep

頬の内側ほぐし

歯みがきついでに
リフトアップ！

口内を
傷つけないよう
ムリせず

歯ブラシの裏または指腹で
頬の上を押し上げます。

指を
使うなら
親指で

奥歯を噛み締めると盛り上
がる部分を押しほぐします。

割り箸くわえ

デスクワークや
読書をしながら

口角 UP!
左右差リセット！

keep
keep

割り箸を犬歯よりも奥で加えて
口角の左右差や歯の空間の差を
チェック。そのまま10分キープ。

唇をすぼめる

鼻下、唇の
エイジング対策に

paku
paku

口角を吸うようにしまった状態で、唇
を上下にパクパク。鼻下の筋肉が伸び
るのを予防。唇がふっくらします。

舌のトレーニング

1

口を閉じ、口内で舌を大きく、ゆっくりとぐるぐる回します。左右各 10 回。慣れたら回数を増やして。

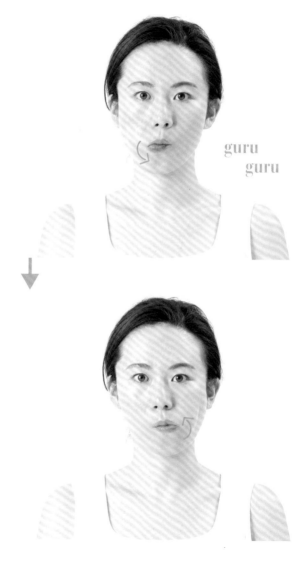

guru
guru

2

広頸筋ストレッチ

二重アゴ
首のシワに

バストの
下垂予防にも

上を向き下アゴと下唇を思い切り突き
出し5〜10秒キープ。二重アゴ、首
回りのケアと一緒に行うと効果的です。

首のストレッチ

1

鎖骨上と下アゴに手を当て斜め後ろに首を伸ばします。手を引き離すように、首の前の筋肉が伸びるのを感じて。左右5秒ずつキープ。

2

首の前から鎖骨にかけて

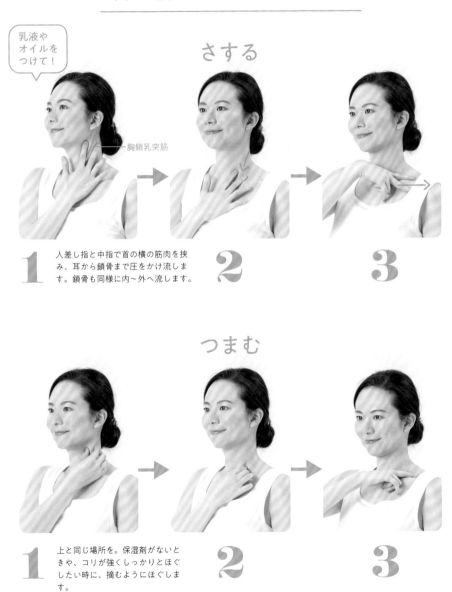

乳液や
オイルを
つけて！

さする

胸鎖乳突筋

1 人差し指と中指で首の横の筋肉を挟み、耳から鎖骨まで圧をかけ流します。鎖骨も同様に内~外へ流します。

2

3

つまむ

1 上と同じ場所を。保湿剤がないときや、コリが強くしっかりとほぐしたい時に、摘むようにほぐします。

2

3

75

鎖骨下マッサージ

猫背、
肩こりの人が
凝りやすい場所

鎖骨下を内から外へ、圧をかけ
左右に揺らしながらほぐします。
グーの手で第一・第二関節の面で。

バストマッサージ

くすみ、
むくみが強い人は
念入りに

1

グーの手の第一関節から第
二関節の間の面を胸の谷間
に当て、上下にほぐします。

デコルテや
バストも
顔のうち！

2

小指側の側面をバストの膨
らみのキワ（ブラジャーの
カップのワイヤー部分）に
当て、左右に揺らしほぐし
ます。

4

脇の下マッサージ

上半身の
循環を高める

脇の下に四指をぐっと入れて掴むよ
うに圧迫。ゆっくりとぐーっと押し、
離す。この動作を3回繰り返します。

肩甲骨下マッサージ

肩甲骨の下の部分を掴み左右、上下
に揺らしほぐします。猫背、肩こり
さんは、ここがほぐれると楽に。

肩を下げ長い首を作る

側面から

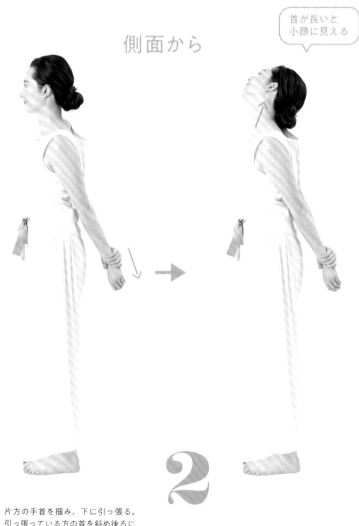

首が長いと
小顔に見える

1 **2**

片方の手首を掴み、下に引っ張る。
引っ張っている方の首を斜め後ろに
倒して伸ばし、深呼吸３回。この
動作を左右３回ずつ繰り返します。

背面から

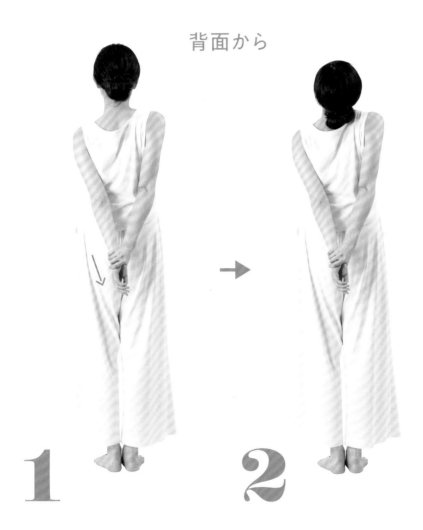

第5章

シワをつくらない
生活習慣

セルフケアは重要。でもシワをつくらない日頃の行動も習慣も同じように大切です。最終章では、セルフケアの効果を最大化するための、姿勢や食など、日々の習慣についてお話しします。

日々の姿勢が美しければ
シワはできにくい

シワやたるみを語る上で絶対に外せないのが、姿勢。私は子供の頃から猫背だったことと、アトピー性皮膚炎の治療のため強い薬を使っていたこともあってか、小学生の頃「子供なのに首にシワがあるね」と言われ驚き、とても悲しかったのを覚えています。モデルさんや女優さん、またダンサーの方で綺麗な人が多い理由は、顔の造形や生まれ持った才能だけではなく、姿勢の美しさにあると思っています。私のサロンのお客様でもバレリーナ、声楽家、ダンサーの方は、首のシワや二重アゴ、頬のたるみが目立たない方が多いです。首が縮こまらず、フェイスライン、首、デコルテのラインがとても綺麗で肩や背中に変な厚みがない。人から見られる緊張感や自分を客観視するなどの理由もあると思いますが、共通しているのは「姿勢の美しさ」です。私もやってしまいがちですが、ソファにぐでっとだらしなく座ったり、寝転がったりする姿勢は、リラックスしているようで実は身体の負担になりやすく、歪みや左右差、たるみやシワの原因になることもあります。骨盤のまっすぐ上に頭が乗っている姿勢が基本。頬杖をついたり、肩が内側に入ったり背中が丸まった姿勢は、なるべく減らしましょう。私は気づいたときに「私はバレリーナ」とか「私はスーパーモデル」と唱えたり、好きなモデルさんや女優さんを思い描いて「あの人ならこんな姿勢をするだろうか」と思うようにしています。

日々の暮らし方（原因）が
全て顔に出る（結果）

　私は昔今よりも 15 キロ以上太っており、いつも猫背だったので顔が丸く大きいのがコンプレックスでした。しかし、ダイエットに成功後、姿勢も少しは気をつけるようになり、さらにエステサロンに就職し、小顔矯正の技術を習ったり、仲間の施術を受けるようになってからは、友人やお客様から「小顔だね」と言われることが増えました。人の顔はプロの技術やセルフケア、そして姿勢で確実に変わります。

　サロンのお客様が小顔やリフトアップコースを受けた後によくおっしゃるのが「今のこの小顔状態、どれくらい持ちますか？」ということ。せっかくエステで時間とお金をかけたらその効果を長持ちさせたい、と誰しも思いますよね。でも、エステに関わらず、整体や小顔矯正もそうですが、その人の本来持っている骨格よりも小顔にするのは基本的には難しいです。「じゃあなんで顔が小さくなったり、たるみがきゅっと持ち上がるのか」というと「本来のあなた」よりも、むくんだり、老廃物がたまったり、ゆがんだり、左右バランスが悪かったり、下がったりしているから。それを循環を良くすることで本来の状態に導くのがケアの力だと考えてください。歪みの原因になる姿勢や生活習慣を繰り返せばまた元に戻りますし、日々の習慣を少しずつ良いものに変えていければ「持ち」も当然よくなります。

荷物の持ち方

荷物の重みに身体をあずけないのがポイントです。

正面から

良い
荷物の持ち方

左右の肩、ウエストの
高さが均一になってい
る状態。

NGな
荷物の持ち方

荷物に身体をあずける
と、重心がずれて身体
が歪みます。

側面から

ワンポイント
アドバイス！

身体と垂直に
バッグを前へ
突き出す！

良い
荷物の持ち方

バッグの持ち手を掴み、
軽く前へ突き出します。

NGな
荷物の持ち方

手がだらんとなってい
ると、歪みや肩こりの
原因に。

スマホの持ち方

姿勢によっては、たるみやシワの原因に。

 良いスマホの
持ち方

画面ができるだけ身体
と並行の位置にある状
態が理想。

 NGなスマホの
持ち方

目線が落ち首が肩より
前に出ていると、首と
肩に負担がかかります。

二重
アゴ

背が丸まる

お尻ぺたんこ

下腹が出る

デスクワークの時の姿勢

毎日、しかも長時間ともなると、
姿勢の良し悪しでかなりの影響が。

 良い姿勢

骨盤が立ち、その上に
頭が乗っている状態が
理想。

 NG な姿勢

肩より前に首が出てい
ると、骨盤が傾き猫背
になります。

背が丸まる

二重アゴ

下腹が出る

骨盤が後傾

骨盤の真上に
頭が乗っかるイメージで過ごす

　基本的には、立っている姿勢も、座っている姿勢も、骨盤をまっすぐ立て、その真上に頭蓋骨が乗っているのが良い姿勢です。頭の重さは体重の10％あるといわれているので、ボーリングの玉を細い首で支えているような感覚。ボーリングをしたことがある人は思い出してほしいのですが、ボールを片手で持ったときに手首の上まっすぐで持つと重みを感じにくいですが、手首を返して持つと重みがかかり手首が痛くなりませんか？

　身体も一緒で、猫背で骨盤が傾き肩より頭が前に出た姿勢は、頭の重みがうまく身体に乗らないので、首や肩、背中で支えようとして負担がかかります。つまり、いつも重い荷物（頭）を変な格好で抱えている状態。常に間違った筋トレをしている状態ともいえます。力を抜いてぐでっと座るなど、あなたの思う楽な姿勢は、あなたの身体にとっては辛い姿勢ということになるのです。

　猫背の人は骨盤が後ろに傾き、反り腰の人は前傾している状態です。立ってる時も座っている時も骨盤を真っ直ぐ立てて、その真っ直ぐ上に頭が乗るイメージで。姿勢が綺麗だとそれだけで美人度アップ、清潔感やキチンとした印象まで与えます。美容だけでなく、健康や精神にも影響するので姿勢を常に意識するクセをつけましょう。

猫背解消ストレッチ

朝晩やデスクワークの合間にできるストレッチです。

お手軽状態反らし

手を後ろで組み、背中を
反らせ、上を向きます。

肩甲骨寄せストレッチ

1 腕を90度に曲げ、肩甲骨を寄せます。

2 肩甲骨を寄せたまま、腕を10回上げ下げします。

89

何を食べるかより
何を食べないかの引き算を

よくお客様から「何を食べたら綺麗になれる？」と聞かれます。肌トラブルの改善、アンチエイジング、ダイエット……。その人の体質によりアドバイス内容は変わりますが、たくさんのお客様と接してきて感じるのは、「何を食べるか」の足し算の考え方よりも「何を食べないか」の引き算がまずは大切だということ。

例えば、酸化した油、精製糖、加工食品、添加物の多い食品などは、減らせるだけ減らしたほうが良いと思います。TV などで話題のスーパーフードや効果のありそうなサプリメントなどをプラスで摂るのももちろん良いですが、そもそも悪いものを摂っていれば無駄にお金をかけていることになります。ビタミン剤を飲んでいても主食がジャンクフードなら綺麗になれないですよね。日本人には乳製品が合わない人も多いので、そういう人は乳製品も減らしましょう。私もそうでしたが、乳製品でニキビに発展する人もいます。

老廃物を滞らせずに、外に出せる身体が最強です。そして食べ方も大切。昔から言われている「ゆっくりよく噛んで腹八分目で食べる」ことは、健康はもちろん、美容にも必須です。ゆっくり食べることは、血糖値の上昇、食べすぎを防ぎます。よく噛むことで消化器系の負担を減らすことができ、肌へのいい循環が生まれるのです。

控えたい食べ物

たるみ、シワ、肌トラブルを避けるために、
覚えておきたい食品いろいろ。

酸化した油

揚げ物や時間が経った料理やお菓子は、
含まれた油が酸化している恐れがある
ので、できるだけ避けて。

精製糖

飲み物や調味料にも多く含まれている
ので、無自覚に摂り過ぎてしまう傾向
に。

加工食品　添加物の多い食品

「全ての加工食品・添加物＝悪」では
ないのですが、できる限り減らす努力
を。肝臓をはじめ体内にかかる負担は、
たるみ、シワにも影響が出ます。

感情と筋肉はリンクしている

　私たちの顔の表情は、脳、感情、神経、筋肉などが同時に働いてつくられます。筋肉が動くことで表情がつくられ、その表情の癖が年齢とともにその人の顔になってゆく。

　だからこそ顔の筋肉が凝らないように、たるまないようにケアするアプローチは重要です。そしてもしかしたらそれ以上に大事なのは感情へのアプローチかもしれません。どんなに顔のマッサージやスキンケアを頑張っていても「毎日やるの辛いなあ」「私の顔ってなんでこうなんだろう」とマイナス感情を抱きながらやっているなら、結果的に美しい顔を遠ざけてしまうかもしれません。

　美容って無理してやることではなく、楽しくやるもの。面倒な日はサボってもいいしお休みしてもいい。だけど毎日何もしなければやはり何もしないなりの結果しか出ません。美容とは、自分を受け入れ、自分を知って、好きになっていくための手段だと思っています。だから、昨日よりもちょっと調子の良い顔、軽い顔、生き生きとした顔をつくる、という意識で取り組んで欲しい。今よりもっと自分が愛しくなる、毎日が楽しくなる、自分の顔が今よりもっと好きになる。そんなイメージを持ちながら。

　感情と表情は確実に繋がっていますから、普段からなるべく「楽しい」「幸せ」「嬉しい」といった「快」の感情にフォーカスする癖をつけてみてください。私自身、もともとネガティブで根暗な部分が色濃く、今もある日突然自信をなくしてみたり、綺麗な人がうら

やましくなったり、朝メイクをしていてふと「あれ、なんかウチの
お父さんが化粧したみたいな顔だな……私、おじさんじゃん」と思
う日もあります。もちろん、コンプレックスや自信のなさが向上心
や学びにつながるので悪いことではないと思っていますが、「美し
い顔づくり」という視点でみれば、やはり「不快」の感情よりも「快」
の感情を長く味わっている毎日の方がネガティブシワはできにくい
です。

　小さなことでもいい。自分が心地よい、幸せ、楽しいと思えるこ
とを日常にちりばめながら過して下さい。感情は、脳に伝わり、
筋肉に伝わる。あなたの幸せ、あなたのご機嫌はあなただけではな
く、あなたの周りにも良い影響を及ぼします。親友、友人、恋人、親、
子供……あなたの大事な人と同じくらい、いえ、それ以上に自分の
ことを大事にしてあげてください。

品のある笑い方

✕ 残念な笑い方　　　〇 上品な笑い方

口元を下げる筋肉を使うと下品な印象に。

二重アゴも目立ちやすくなります。

頬と口角を上げるように笑うと、好印象に。

93

あとがき

　目新しいことはなかったかもしれない。画期的なことはなかった かもしれない。でもそれよりも大事なことを丁寧に伝えたかった。画 期的な若返り成分や、最新の美容法は私たちにとってプラスになる ものではあるけれど、美容に「飛び道具」や「魔法」はないという こと。自分の心身を整えるのがまず大事だということ。

　今回、初めての本を書くにあたって最後まで悩んだのがマッサー ジ手順などの説明写真をモデルさんに頼むか自分でやるか、でした。 私はもともと容姿コンプレックスで、「自信を持って」とお客様を 励ましながらも、完璧じゃない自分に打ちのめされ、時には鏡の前 でため息をつく「普通の人」です。だから自分でやると決めた後も、 撮影直前までちょっとした恐怖と向き合っていました。私は自分の 見た目の悪さのせいにして、恋やオシャレや夢を諦めていた時があ りました。でも、そんな人生に嫌気がさして、人一倍「綺麗になる」 ことに情熱を燃やし、それが仕事になった、それだけです。私の顔 は左右非対称だし、顎関節症だし、ニキビ跡もあるし、華やかな顔 でもない。だけど、綺麗になるって楽しいよ、一緒に行動してみよ うよ、そんな気軽さや想いが伝われば、と思い奮起しました。心配 性で激弱なメンタルや、見た目コンプレックスで人生諦めていた過 去も含めて、読んで下さった方への励ましになったら嬉しいです。

　人は変われるし、成長できる生き物。中卒の私でも本が出せるし、 見た目コンプレックスでも美容の仕事ができる。人にどう思われて も自分の顔で一生生きていくしかない。それなら、自分で自分の顔 を良い顔になるように愛して育ててあげたい。それは、今の自分を 受け入れること。鏡の中の自分と向き合うことから始まります。今

でもコンプレックスはありますが、昨日よりも今日の自分を好きに
なれるように、一日を過ごそうと決めています。

　まえがきにも書きましたが、昔私の祖母が私にかけてくれた愛情
を自分自身にもかけてあげたい。そして自分の見た目に自信が持て
ない女性にとって、あの時の祖母のような存在になれたらと思って
美容の仕事をしています。「人に見られる」ことに、ちょっとの怖さ
を抱えながらも、だれか一人でも私のこの本を読んだ人が、「私も
もっと綺麗になれるかも」「人は自分次第で変わっていける」「昨日
より少しだけ、自分を愛していくことができるかも」と希望や勇気
を持ってくれたら、ひとかけらでもそのきっかけになれたなら、こ
んなに嬉しいことはありません。

　届くべき人に届くと信じて。すべての女性が、自分を愛して自分
らしい美しさを見つけて、自分らしい人生を生きられますように。

　本を書くにあたり、いくつか手技を使わせていただきたいとお願
いしたところ、ご快諾してくださり、さらに出版のアドバイスまでし
てくださった森柾秀美先生に感謝申し上げます。私の不完全な企画
書に興味を持って声をかけてくださり、ノウハウだけじゃなく想い
を伝えたいと言ってくださった編集の松本さん、撮影日のヘアセッ
トを完璧にしてくれた夫であり私の髪をいつも綺麗にしてくれる美
容師の板橋充、学生時代からの友人であり私のエステスクール卒業
生でもあるKANA、スタイリングをしてくれた友人でありスタイリ
ストのemi。いつか仲間と一緒に仕事がしたいという夢がこんな形
でひとつ叶ったのは本当に嬉しいです。ありがとう。そしていつも
来てくださるサロンのお客さま、この本を読んで下さったあなたに、
心からの感謝を。
　　　　　　　　　　　　　　　　　　　　　　　　　永松麻美

永松麻美　Asami Nagamatsu

15 年におよぶニキビ、アトピーから容姿コンプレック
スに。自分自身の肌を改善するためにエステティシャン
に転身。お客様からの「ありがとう」の言葉と、綺麗に
なるごとに自信と笑顔を取り戻していく女性の変化に感
動し美容の仕事を本気で志し、資格取得、サロン勤務経
験後 28 歳でサロン「SUHADA」を開業。肌質改善や小
顔エステなど 1 万人以上の美容に携わる。美容記事執筆、
エステティシャンなどプロ向けの講座やスクールの主宰
など、美容家として幅広く活躍中。
https://suhada-salon.com
Instagram_@asami.nagamatsu

人生がときめく
シワとりパーフェクトブック

2020 年 3 月 13 日　第 1 刷発行

著者／永松麻美

ブックデザイン／篠田直樹（bright light）
編集／松本貴子（産業編集センター）
撮影／山本嵩（産業編集センター）
ヘア／板橋充（CLASICO）
メイク／ KANA（salon de K ３）
スタイリング／ emi ito（ADDICT_CASE）
衣装協力／ Foo Tokyo　https://brand-foo.com

発行／株式会社産業編集センター
〒 112-0011　東京都文京区千石 4 丁目 39 番 17 号
TEL 03-5395-6133 FAX 03-5395-5320

印刷・製本／図書印刷株式会社